어느 가을날의 하얼빈

박영희 시집

시인의 말

  하루해가 저물 때면 더욱 눈부시게 빛났던 서녘 하늘 저편!
  유년의 기억은 그처럼 이방의 존재를 깨닫는 먼 여행으로 이어졌다.
  기차나 버스를 타고 넘는 국경은 얼마나 새로운 경험이었던가. 가슴 설레는 일이었던가. 반도에 기대어 살아온 지난 시간들을 보상받는 기분이었다.
  또한 그 길은 서사를 향한 이정표가 되어 주었다.

2025년 여름 태백에서

차례

003　　시인의 말

1부

011　　북방
012　　어느 가을날의 하얼빈
014　　쑤이펀허
016　　필담놀이
018　　제3지대
020　　기중이가 부르는 눈물 젖은 두만강
022　　두손잡고여관
024　　어쨌거나 만만디
026　　발해 가는 길
027　　말씨
028　　헤이허
030　　로스케 나무
031　　조선말과 한국말 사이에 지뢰가 묻혀 있다
032　　안부

2부

037 두 이방인

038 시모노세키 1945

040 거처

042 블라디보스토크역

044 슬픈 후렴

046 우리도 난민

047 적

048 북한 교과서

050 땅굴마을*

052 사숙

054 작별 인사

056 스미마셍

058 미얀마 2021

060 코드명 : COVID—19

3부

065 봄
066 콩의 근원
068 집
069 지지리골 자작나무 숲
070 함백역
072 임종
073 반양장
074 마트료시카와 양파
076 눈물이 말라가는 시간
078 발목
079 시속 70㎞
080 블랙재즈
082 두 아이

4부

085 태백선
086 해파랑 33길—정라항
088 나전역에서
090 르포의 시간
091 우정보육원
092 열일곱 살
094 평행선
095 안의가 안음이었듯이
096 뿌리의 믿음
098 그대 이름은 장미

5부

- 101 만추
- 102 불 꺼진 창
- 103 분재원 앞을 지나다
- 104 엄마 없는 날—송정 시절
- 105 달성공원 명의
- 106 조금 오래된 어떤 부자父子
- 107 사막에서 장보기
- 108 풀꽃들 어지러이 피어날 때
- 110 어느 어촌 앞을 지나다
- 112 결혼
- 114 별—로이에게

발문_김수우(시인)
- 115 함백역 애기메꽃의 무게를 아시나요

1부

북방

이 길은 이방의 길

生과 死
일면의 갈림길에서 피가 뜨거워지는
결속의 길

우리가 가장 아프게 울었던 들에서 봄은 다시 피어난다

어느 가을날의 하얼빈

역사를 새로 지으면서
장소를 옮긴,

기념관 안으로 들어서는데 낯선 언어다

코코, 코코데스카?
여기 이곳이 맞느냐는 말에
남편이 고개를 끄덕인다

잠시 걸음을 멈춘 채
승강장 바닥에 새긴 붉은 타일을 응시한다

삼각형 타일은
내가 너를 겨눈 자리

사각형은 누군가

무너진 자리

가는 눈발이 날리었던
어느 시월의 그날처럼 가슴에
두 손 모아 추모하는

노부부의 음성이 적막하다

쑤이펀허[*]

쑤이펀허에서 포그라니치니는
봄이 오는 거리距離

혹한을 이겨낸 비무장지대로 들어서면
북방에서 보았던 진달래꽃
극동에도 피어 있다

오늘은 포그라니치니에서 노닐다
해가 저물면
망명 작가나 만나러 가볼까

또 아는가,

농업학교에 재직한 포석抱石[**]이라면
두 팔 벌려 맞아줄지

두 량의 기차가 한가로이 오가는 국경은
조난당한 모국어가 파편으로 나뒹구는

망명자들의 첫 발자국

솔제니친의 시베리아 벌판도 멀지 않다

* 중국 헤이룽장성 쑤이펀허에서 기차를 타면 러시아 국경 마을 포그라니치니는 26㎞ 거리다.
** 조명희 작가의 아호

필담놀이

서툰 혀로 표를 사려다 퇴짜 맞고
긴 줄 다시 선다
손바닥수첩에 행선지와 시간을 써
내밀자 역무원이 빙그레, 승차권을 건넨다
낯선 그녀와의 밤도 행운이라면 행운이었다
같은 좌석의 우린 시속 육십킬로미터로 달리는
보통열차에 맞춰 필담을 즐겼다
어디까지 가나요
만저우리요
혼자 다니면 외롭지 않나요
기차 타는 걸 좋아해서요
그렇지만 만저우리는 먼 곳이잖아요
탄생이 순례의 길이라면 종착역은 봄을 기다리는 겨울여행
이 아닐까요
역시 한국은 어휘가 참 풍부한 것 같아요
중국은 어떤가요
간장에 삶은 오리알이요…?
그 표현 재밌는데요

알고 있다는 뜻인가요
여행도 사람을 공부하는 일이니까요
잦은 폭설로 밤기차는 설원을 내달리고
외뷔르* 국경을 찾아가는 손바닥수첩도
한 겹 두 겹 눈처럼 쌓여간다

* 남쪽, 안쪽, 앞쪽을 뜻하는 몽골어로 네이멍구도 여기에 속한다.

제3지대

피복 한 짐 싸들고
온성을 다녀온 정노인이 서슴서슴
일가친척 애길 늘어놓자 최노인이
혀끝을 끌끌 찬다

삼팔년생 최노인이 정노인을 만난 곳은
흥안령산맥에 자리한 치치하얼* 명성촌

저편 말이 이편 같은 함경도 딱친구와
이편 말이 저편 같은 경상도 불알친구는
거친 말투를 안주 삼아 술잔을 기울인다

강 건너 남쪽으로 떠난 자식들은
아버지도 인차 들어오라며 전화질이지만
최노인은 허허 웃고 만다
맨손으로 일군 땅을 차마 버려두고 갈 수 없는 것이다

이편도 없고 저편도 없는

이곳에서 정노인과 나란히 묻히는 게
남은 소원이라면 소원이다

* 중국 헤이룽장성에서 하얼빈 다음으로 큰 도시.

기중이가 부르는 눈물 젖은 두만강

육이오 전쟁이 났을 때
중공군 복장을 하고 싸운 할아바이는
한국 사람이 돼설랑 성남에 살고요

어마이는 산동성 청도에
아바이는 연변아주마이와 눈이 맞아서리 서울에 살고요
저만 연길에 남아 학교에 다니고 있습다

큰옴마이는 큰아바이 따라 일본 사람이 되었고
무스그 사연인지 작은아주마이는
작은아바이가 쌍발하다 허리를 다쳐
한국에서 들어왔는데도 전화 한 통 없습다
길치만 더 불안한 건 결단심이 약한 우리 아바이입네다

어쩨 전화질도 영 신통찮고
고기를 못 잡사 기런지 힘이 하나도 없단 말입다
학교생활은 잘하느냐
시험은 잘 쳤느냐

아픈 곳은 없느냐
돈은 아직 남았느냐
단계별로 묻던 거이 자꾸만 빠트린단 말임다

저도 인차 내후년이므 초중을 필업하는데
해마다 찾아오는 명절이 제일 싫습꼬마
추석엔 눈물만 나고
비행깃값 비싸다며 설날엔 집이 되쎄 춥단 말임다

두손잡고여관

하룻밤 묵어갈 숙소를 찾던 중
도로변 간판에 끌려
허름한 이층 계단을 오른다

한궈…?
하오하오!

그녀의 서툰 인사가
한겨울 풋사랑처럼 따습다

귀한 손님이 왔을 때나 빚는다는
만두를 쟁반에 받쳐 들고
만두처럼 웃는
삼십 위안짜리 하오하오

옆방도
그 건넛방도 고단한 숨소리로
밤이 깊어가는 복도 끝 5호실은

저우둥위* 영화에서 본 낯익은 풍경들이다

부르튼 날품팔이 발목이
철제침대 끝에서
대롱대롱 그네를 타는 밤이다

* 중국 배우

어쨌거나 만만디

젊은 엄마들의 여행은 단출하다

목단강역에서 오른 엄마 넷은
둘씩 짝을 지어 수다를 떨고
같은 좌석에 둘러 모인 아이들은
천연스레 포커를 친다

그중 한 아이가 낙장불입 카드를 집어 들고
고집을 피우자 부싱부싱不行不行
눈을 부라리는 세 명의 아이들

이를 본 엄마가 아들에게
뚜이부치对不起하라며 화를 내지만
녀석의 고집 보통이 아니다
여차하면 판을 깰 기세다

가도 가도 끝이 없는 차창 밖 옥수수밭은
그사이 쑥쑥 자라

광활한 들판을 소리 없이 채우고

어른을 닮아가는 아이들은 티격태격
오늘도 싸우면서 자란다

발해 가는 길

누군가는 이 길을

안개가 지웠다 하고
바람이 지웠다 하고

저잣거리에 떠도는
풍문들을 뒤로하고 경계에 이르면

목 놓아 울어도 좋을
무한의 벌판

가던 길 잠시 멈추고
흙 한 줌 쥐어본다

이방의 멸시를 이겨낸 차가운 흙이다

말씨

아주마이는 어째 입이 그리 곱소
나그네도 한번 나가보오
한국 나그네들은 고운 입매를 좋아하오
기란데 와 또 쎄졌소
연변에서는 연변말 하고
한국에 가설랑 한국말 하면 아이 되겠소
살아보니 한국도 매 다르지 않더란 말임다
강원도 사람은 강원도 말 하고
충청도 사람은 충청도 말 하고….
옳소 옳소 아주마이가 장하우다
한국은 한국이고 연변은 연변이지비
내설랑 이심전심이우다
고운 것도 좋지만 쎈 거이 그리울 때도 있단 말임다
한국 나그네들은 고깃살도 부드러운 것만 찾는데
그때 연변 생각 많이 나우다
연변 나그네들은 소 힘줄에 흰 술 한 고뿌 쭉 내지 않수까

헤이허*

몸이 기억하는 겨울은

불이 지나간 자리

하나의 강이

두 이름으로 흐르는

긴 문장보다

한 점 부호가 절실한

자작나무의 숨결

억압받는 민족을 위해 싸우다

순명한

눈 내리는 밤을 다시 써야 한다

* 중·러 국경선 중에서 규모가 가장 크고 거리가 제일 가까운 도시로, 헤이허강과 아무르강이 함께 흐르고 있다.

로스케 나무

저거이 비적 잡는 보초병이라 죽자고 농사지어 엄동을 날라 치므 떼거지로 몰려와설랑 마을을 덮쳤지 뭐야 인차 소낭구를 심어볼까도 했지만 소낭구는 비적떼를 못 가려낸단 말입지 기래 마을을 빙 둘러 토벽을 치고 저 낭구를 심은 거라 로스케 낭구는 몸뚱어리가 하얘서리 그믐밤에도 인차 비적떼를 가려 낸단 말입지 어느 핸가는 마을이 온통 피로 물든 적도 있었다니 남의 땅에 등딱지 붙이고 살자므 왜놈이고 되놈이고 인정사정 없지비 우리가 먼저 죽을 판인데 어쩌겠누 저 낭구를 심으라고 일러준 나그네가 용킨 용하다이 길쎄 씨비리를 다녀와설랑 로스케 낭구를 심어야 한다며 다그치지 않겠슴둥 이파리 죄 떨군 상강 즈음에 보므 어째 살결이 저리도 고울까 로스케 낭구를 아궁이에 넣으므 타닥타닥 소리도 영 곱다니 우리 어마이가 들려준 자장노래를 듣는 것 같다니….

조선말과 한국말 사이에 지뢰가 묻혀 있다

 청산리 전투 격전지 중 가장 많은 피를 흘린 어랑촌을 찾아가는 길이었다 마을 어귀에서 마주친 소녀에게 한국말을 아느냐 물으니 고개를 내젓는다 보고도 아니 본 척 독립군들에게 주먹밥을 해 나른 874고지를 향해 걸음을 옮길 때였다 뒤따라온 소녀가 언덕마루에서 헤헤 겸연쩍은 얼굴로 웃는다
 있잖아요, 한국말은 잘 모르지만 조선말은 할 줄 알아요.

안부

영화 속
황해를 무사히 건너면

잊힌 해동성국과
눈보라치는 만주 벌판도 내달려보고

무료한 날에는 기차를 타고
연해주도 다녀오고
울란바토르도 다녀오고

그렇게,
떠나왔던 곳으로 돌아가는 길이었다

압록강변에서 망연히
신의주를 바라보는데 어머니가
전화를 걸어오셨다
잊었던 안부도 대신 전해주었다

밥은 먹고 사냐?
아픈 데는 없고…?

싸우지 말고 지내라.

2부

두 이방인

옷차림이 남다르네요
그쪽은 발음이 서툴군요
반도에서 왔습니다
우울한 절반을 의미하는 건가요
그렇습니다
지도로 그려볼 수 있나요
글쎄요
나는 지도 그리는 걸 잊어버렸다오
나 역시도 다르지 않답니다 절반을 다 그리고 나면 망설여진답니다
나는 눈 뜨자마자 몸 숨기는 것부터 배웠다오 어머니가 가르쳐 주었지요 아버지를 살해한 정복자들이 마을을 떠난 날은 두타르*와 함께 별을 노래했다오
아버지를 잃은 당신의 나라는 어디에 있나요
초원에서 나고 자란 우린 슬플 때나 기쁠 때나 노래가 위안이 되어준다오

* 두 줄로 된 동튀르케스탄 전통악기

시모노세키 1945

그 시절 노래는 삼등 선실
현해탄 물결처럼 검푸렀다
초저녁에 출항한 배는 이튿날 새벽
낯선 항구에 닻을 내렸고
팔순을 훌쩍 넘긴,
섬나라 여인이 그곳에 있었다
목례를 나누는 그녀의 몸에서 더듬더듬
비련의 조선말이 파도에 일렁였다
그해 겨울 나는 방학을 맞아 내려온 한바飯場집 딸이었고
그이는 일본 경찰에 맞서 싸우는 노동쟁의 전사였지요
부모님 몰래 시모노세키를 떠난 사연은
다다미 집 장독대에 핀 봉선화가 대신 전해주었다
단 한 번도 후회한 적 없어요
두 눈이 마주치는 순간 우린 바다였으니까요
도키와로 오무타로 가고시마로 떠돌다
처음의 자리로 돌아온 그녀의 노래는
헌시처럼 눈물겨웠다
붉은 달은 여윈 달의 비밀을 알지 못하듯

달빛 머금은 이국의 밤 파도 소리만
봉선화 꽃물처럼 아련했다

거처

나는 지금 천진으로 간다
답은 하지 마라
오늘은 여명과 함께 상해를 떠나는 중이다
도착하면 연락하겠다
어제 서주를 떠나 무전여행 중이다
반년은 걸릴 듯싶다….
완벽한 중국어 구사와 변장술에 능한
우당友堂을 찾아가는 길,
그의 망명 주소지를 다 찾아내려면
족히 반세기는 걸릴 거라던
만해萬海의 예언은 틀리지 않았다
웨딩드레스를 입은 아내와 함께
오르간 반주에 맞춰 동시 입장하고
첫날밤 아내와 애국가를 합창한 그는
누구보다 조국을 사랑한 자유인이었다
압록강을 건너 얼마를 달려왔을까,
노천 군중대회가 열린 대고산이 저만치 보인다
산만큼 믿음직한 동지가 또 있으랴

무관학교 설립이 꿈이었던 우당에게
류하현 삼원포는 희망의 나라였다
이곳을 떠나면서 그는 이 한마디를 남겼다
나는 헤어질 때 다시 만날 날을 기약하지 않소이다.

블라디보스토크역

산 자는
죽은 자의 유언을 품어야 하는

숙명의 거울

감추려 해도
감출 수 없는

피의 언어들

누가 죄인인가?
누가 죄인인가!

가슴 속 깊이
밀지를 품고 떠난

시베리아 동쪽 끝
낯선 역은

절망이자 희망이었다

슬픈 후렴

탄전지대로 이어지는 다가와이타역[*]에 내려
철길 굴다리를 지날 때였다

살려주세요
살려주세요
우린 검은 굴에 던져졌다오

십만이 끌려와 이천이 사라진,
이십만이 끌려와 삼천이 묻힌,
그러나 박물관 어디에도 그날의 흔적은 보이지 않았다

앙상히 뼈대만 남은
수직갱 철탑을 뒤로하고 다시
오르막길을 오르는데

살려주세요
살고 싶어요
우린 죽어서도 떠도는 게 일이었다오

어디서 날아온 걸까,

한 마리 검은 새

치쿠호**는 한여름 밤에도 별이 뜨지 않았다

* 일본 후쿠오카현 다가와시에 위치한 역

* 1940년대 초 일본 규슈 지역에는 호슈, 후타세, 나마르타 등 250여 곳의 탄광이 있었다. 그 중심이 치쿠호筑豊였다. 일본이 패전할 때까지 강제 동원된 조선인 중 15만여 명이 치쿠호 탄전지대에 배정되었다.

우리도 난민

 하바롭스크행 기차에서 만난 노르웨이 청년이 지난여름 한반도를 여행한 적 있다며 까레이스끼에 대해 물어온다 씻어도 씻어도 비린 내음이 가시지 않는 좌판에 에네껜과 조센징도 펼쳐놓는다 근대의 기록은 이처럼 허름한 골목 시장을 지날 때처럼 한동안 멈칫거려야 한다

 동란 이후 그는 다낭에서 여행상품을 파는 호객꾼으로, 영하 사십도를 오르내리는 우수리스크에서 온돌장판을 파는 다단계 장사치로, 마침내 그는 오사카 뒷골목을 배회하는 불법 체류자가 되었다

 입국장 풍경도 크게 달라진 건 없다 마치 심문을 하듯 귀하는 NEPAL? 귀하는 KAZAKHSTAN? 귀하는 YEMEN…? 아주 식상한 표정으로 환율이 낮은 이방의 국적만을 콕 집어 캐묻는다

적

이제야 알 것 같네
지아비를 왜 나그네라 부르는지
강 건너 어딘가에
적籍을 두고 온 게야
하루가 멀다 하고
쫓기는 일이 다반사인 그들은
세상 어디에도
뿌리를 내릴 수 없었던 게야
남의 나라 백성으로 등록해 살면서
말을 배우지 않은 것도
혹시 모를 피가 섞일까봐 두려웠던 게야
머잖아 봄이 오면
떠나왔던 곳으로 새롭게 돌아갈 거라고
굳게 믿어왔던 게야

북한 교과서

재외동포가 '제외 동포'로 읽히는 주말 저녁
공사장 함바에서 술자리가 벌어졌다

연해주에서 온 그의 이름은 라지크
고려인과 모이면 김한설
한국에 오는 걸 망설였다는 그가 술잔을 비운다

 말투가 좀 거칠더라도 고깝게 생각 마오 북쪽 말을 쓰는 데는 그만한 사정이 있었소 남쪽 길이 막히면서 북한 책으로 공부를 했지 뭐요 좀 더 일찍 돌아오지 못한 것도 너무 먼 곳으로 내몰렸기 때문이오 연해주에서 살다 우즈베키스탄으로 끌려갔을 때 무슨 생각한 줄 아오 고려인이라는 문신을 도려내버리고 싶었소 마우재 총에 죽어간 아버지 얼굴이 떠오른단 말이지

과정이 생략된 어색한 만남
초저녁부터 내리기 시작한 가을비는

아리랑 아리랑 아리랑
자정이 지나도록 그칠 줄을 몰랐다

똥굴마을[*]

음산한 골목을 배회하는
검은 고양이들

십자가 너머로 몸을 숨긴
가여운 모국어

반짝반짝 빛내이자!
우리의 자랑 야마구찌조선초중급학교!!

불행히도 나의 첫 이국 여행은
이 바다는 예부터 물결이 높았다[**]는
도일渡日이었다
산언덕에 자리한 화장터를 지나면 공동묘지
공동묘지와 형무소 자리를 지나면
분뇨처리장으로 이어지는….

비라도 내리는 밤이면
눅눅한 천막 속으로 스며드는

해안가 비명소리들

제발 부탁이에요
내쫓지만 말아주세요
돌아간들 반겨줄 사람이 없다오

* 일본 야마구치현 시모노세키시에 위치한 곳으로, 해방 후 조국으로 돌아갈 뱃삯조차 없는 조선인들이 모여 살았다.
** 임화의 시 「현해탄」에서

사숙

그의 이름은 하야시 에이다이
제국의 히코쿠민*

다다미방을 가득 채운 그의 서재는
사지를 탈출한 불령선인을 숨겨준 죄로
숨진, 아버지의 눈물로 채워졌다

이제부터 네가 해야 할 공부는
저들의 빼앗긴 이름을 되돌려주고
저들의 탄식을 세상에 알리는 일

다니던 학교를 뛰쳐나와
조선인 강제연행에 매달린 그는
제국에 버림받은 이단의 기록자였다

작가가 되려거든 먼저
뿌리들의 아우성에 귀 기울이라 하였던가
지난 역사의 아픈 교훈을 학습하지 않는 민족은

자멸의 길을 걸을 수밖에 없다고 하였던가

그의 묘비명을 뒤로하고
가와라정^{**}을 떠나오는 날이었다
들녘을 붉게 물들인 피안화彼岸花에 울컥,
목이 메었다

* 일본 제국 시기 '황국신민으로서 본분과 의무를 지키지 않는 사람'을 이르던 명칭
** 일본 후쿠오카현 다가와군에 자리한 마을

작별 인사

'다녀오겠습니다.'

책꽂이 두 번째 칸에 놓인
액자사진과 인사를 나눈 건 벌써
오래전 일이다
같은 여자라도 엄마와 아내는
표정이 좀 다르기도 하다
환승으로 이어지는 종착역이랄까
가만히 눈을 감으면
쓰리고 아팠던 지난 길들이
자그만 어항처럼 선명해진다
그리고 이번 여행은 먼 길이다
압록강을 건너야 한다
사람 조심하거라
끼니 거르지 말거라
어딜 가든 잠자리가 편해야 한다
교독문처럼 이어지는 엄마의 잔소리는

한결같아서 좋다

정다운 길을 오래오래 걷고 싶어진다

스미마셍

사상 최초로 히로시마에 투하된 리틀보이
그 원폭 돔이 바라다보이는
오타강 건너편 허름한 벤치에 앉아
〈검은 비〉*를 회상 중이었다
찾아오는 이 없어 더욱 쓸쓸한
조선인 희생자 위령비 주변이
갑자기 소란스러워졌다
도쿄에서 수학여행을 온 학생들이었다
나는 소녀들이 궁금해 하는 이우 왕자와
조선인 사망자에 대해 들려준 후
패전과 종전 중 어느 것이 맞는지 한번
물어보기로 하였다
아니나 다를까, 단발머리를 한 소녀가
스미마셍 스미마셍 스미마셍
어른들에게 물으면 다투기 일쑤였던 나는
세일러복 차림의 소녀들과 나란히

평화공원 소녀상을 향해 힘차게 걸어 나갔다

* 히로시마 원폭을 담은 일본 다큐멘터리

미얀마 2021

등교를 거부한 여학교 교문에
피 묻은 교복이 걸려 있네요

64명 사망
106명 부상

말해 주세요,
우리가 배운 UN은 어디에 있나요?

총에 맞아 쓰러지고
곤봉에 피를 흘리는

내일도 거리로 나가
죽음의 행진을 견뎌야 하나요?

아, 신의 뜻이라면
이 모든 것이 신의 뜻이라면

우리에게도 총을 주세요!

코드명 : COVID—19

교문이 닫히고
공연장이 폐쇄된다

주범은 누굴까?
추적이 시작된다
GPS가 턱밑까지 따라붙는다

숨 가쁜 추적에 도시는
맨살을 드러낸다

마스크 있나요?
마스크 좀 주세요!
타이레놀 있나요?
타이레놀 좀 주세요!

도심 한복판에
바리게이트가 쳐지고
군용장갑차들이 활주한다

국경을 봉쇄하라!
장례는 생략한다.

불안에 떠는 시선들
진흙 구덩이에 처박히는 시신들

거주지 이탈자는 즉각 체포하라!
사망자 가족의 대면을 전면 금지한다.
BODY BAG을 최대한 확보하라!
시신은 번호만 매겨 매장한다.

세계는 지금 매우 입체적이다
군경이 장악한 워싱턴도 파리도 베이징도 브뤼셀도
아비규환이다

3부

봄

 전동 미싱 세 대에 오버로크 한 대. 두성쯤 돼야 이 말이 저 귓구멍으로 들어가고 저 말이 내 귓구멍으로 번져오는 골목 안 봉제공장. 웬일로 오늘 아침은 1옥타브 '시'로도 충만하다.

 ―나 어젯밤에 침맞았다! 아니 글쎄 이 인간이 한 잔 걸치고 들어와 안 하던 짓을 하지 않겠니. 간만에 맞아 그런지 이리 빙글 저리 빙글 아휴, 숨넘어가는 줄 알았다.

 ―조컸다, 이호엄마는. 그 나이 먹도록 가운데침을 다 맞고…!

콩의 근원

톡톡 튄다는 소리를 들었다
재능으로 여겼으나 오래가진 못했다
뒤돌아선 하늘은 나병처럼 어두웠다
어떤 날은 인절미에 옷을 입힌
고물로 연명하거나
저녁 밥상에 오른 콩자반으로 씹혔다
종이팩에 담겨 쪽쪽 단내를 풍기다
강정에 한두 알씩 박히더니
장작불 가마솥에 던져졌다
초벌은 양념간장에 비벼졌고
네모반듯한 두 벌은 옥문 나서는
사내의 입에서 뭉개졌다
구르다 구르다 서러우면 절구통에
납작 엎드려 으깨어져볼까
새끼줄에 목을 맨
메주에서 거무스레 곰팡이가 슬고

그제야 장독대 항아리는 뚜껑을 닫는다

돌아갈 수 없는, 외롭고 먼 길이다.

집

낡은 식탁에 가지런히
숟가락과 젓가락이 놓이는

열 사람을 챙기는 일보다
한 사람을 사랑하는 일이 더 어려운

장마가 길어질 때면
어디론가 멀리 달아나고픈

관상용 화분에 물을 주며
꽃이 피길 기다리는

빨래가 잘 마른 날은 덩달아
눈부신 햇살에 익어가는

오늘도 가스불 위에서 자글자글 끓고 있는
하찮고 하찮은….

지지리골 자작나무 숲

청명 무렵 산 중턱으로
처음 보는 나무들이 트럭에 실려 왔다

오르막을 노보리로 배운 이는
아라사 나무라 하고
막장꾼을 사끼야마라 부르던 노인은
마우재 나무라 하고

탄차에 검은 시신을 실어 나른
갱문이 닫히고, 얼마쯤 지났으랴
북방의 나무들이 자라면서
불의 힘도 시나브로 힘없이 사라졌다

도화지처럼 환한 숲에 눈이 내리면
발파소리에 놀라 떠났던 새들도 쪼롱쪼로롱
사끼야마가 떠난 그늘막에서 은빛 연애를 꿈꾸었다

함백역

산간에 버려진 듯 헛간 구석에
층층이 쌓인 연탄더미들

지붕 낮은 고샅을 따라
거슬러 오르면
폐경 지난 역 하나 덩그마니
해바라기 중이다

외길로 이어지는 한적한 여행은
차마 떼어내지 못하고 떠난
대문 밖 문패를 어루만지는 일

폐역 뒤뜰
마른 의자에 기대어 앉으면
꽃으로 지지 못한 사람들 있다

봄을 떠나보낸 자리에

애기메꽃

창백한 얼굴로 피어 있다

임종

마도로스의 꿈은
항구였을까,
항해였을까

요양원 철제침대에서
숨을 거둔 그에게 해조음 바다는
목마른 자유의 갈망

정박 중인 어선들 사이로
흩어져 날리는 눈송이 사랑은
하늘마저 그 무게를 알 수 없는
여명의 노래

푸른 갈매기 한 마리
먼바다를 향해

힘차게 솟구쳐 오른다

반양장

 두 번째 시집이 등기우편으로 도착한 날 송윤남 여사께서 나무라듯 한마디 하신다.
 쩌번 것은 빳빳하니 곱더만 어째 이참 것은 영 물짜다, 싯째야! 이왕 할 거면 돈 좀 씨게 쓰지 그랬냐. 사람이나 책이나 첫인상이 고와야 속도 깊어야.

마트료시카와 양파

자작나무를 깎아 만든
마트료시카는 우리 집 가계
창세의 아담이 셋을 낳자
엄마는 첫딸을 낳고
셋이 에노스를 낳자
엄마는 장남을 낳고
에노스가 게난을 낳자
엄마는 차남을 낳고
게난이 마할랄렐을 낳자
엄마는 작은딸을 낳고
마할랄렐이 야렛을 낳자
엄마는 나를 낳고
야렛이 에녹을 낳자
엄마는 두 동생을 낳았다
세상 밖으로 뛰쳐나온 일곱 남매의
내일은 축복이었을까
추락이었을까
동생이 형한테 대들고

누나들마저 가출하고 없을 때
매운 양파를 까면서 알았다
기도는 대대손손 버려진 자들의 몫
천국 문은 탕아들의 티켓
겸손과 온유로 시편을 노래한
엄마는 잠언서를 방패로 삼았다
네 아비를 조롱하는 자는
까마귀 부리에 쪼이고
어미 말에 순종치 않는 자는
독수리 새끼에게 먹히리라

눈물이 말라가는 시간

덥지도
차갑지도 않은 미지근한 물에
중성세제를 풀어 손빨래한 스웨터를
건조대에 넌다

똑

똑

똑

머잖아 지워질 눈물 자국은
불 꺼진 창을 두드리는

가슴 깊이 묻어둔 노래는
오늘 밤, 어느 역을 지나는 중일까

자줏빛 스웨터 다 마르려면

사흘은 더 기다려야 할 듯싶다

발목

진료를 마친 의사가
지그시 눈을 감는다

넘어진 부위가 발목이라서
시간이 좀 걸릴 거라고 한다

길이 아닌
길목,

그립고 아픈

목전에 두고도 차마
그 이름 부르지 못했던

그렇듯 봄이 가고
가을마저 떠나버린

건널목 저편—,

시속 70km

평화를 향해 힘차게 달려온 비둘기호
분단의 장벽을 걷어낼 희망의 통일호
삼천리강산을 가로지를 무궁화호
그러나 헛되고 헛되었다
연착을 밥 먹듯이 했다
느리다는 것 말고는 내세울 게 없는
낡은 열차를 비난하면서
버럭 화를 내기도 했었다
환승의 기회를 놓친 이별의 속도는 그런 거였다
폭설이 내린 날은 기관 고장으로
터널 속에 갇힌 적도 여러 번이었다
열차가 곧 운행될 거라는 안내방송만
앵무새처럼 흘러나왔다

블랙재즈

짜릿한 제국의 입맞춤
샹들리에로 피어나는

우리의 다음 역은 어디쯤일까

태초의 구약과 부활의 신약
우아한 보르도와
버드와이저 사이를 흐르는 블랙재즈

사막에 버려진 집시들은
무사히 요단강을 건넜을까

가나안 방부재를 첨가한
밀주와 짭조름한 안주

하루살이처럼 붉은 금요일이

서글퍼지는

오늘 밤도 포성은 끊이지 않는다

두 아이

몰래 아리랑을 부르며 자란 아이는
할아버지의 나라를 앞세우고

맘껏 애국가를 부르며 자란 아이는
우리나라를 내세운다

두 아이는 알고 있을까?
붉은 목단의 나라를
유독 키가 큰 해바라기의 나라를
사쿠라 피는 나라를

먼 길을 돌아온 아이는
어색한 듯 한민족을 이야기하고

반도에서 자란 아이는 힘주어
전쟁의 승리를 이야기한다

4부

태백선

검은 석탄을 실어나른 백운산 자락의
예미역은 무거운 적막이 흐르고
백일흔 개의 별로 이루어진 자미원역은
펜스를 쳐 들어갈 수 없고
동해와 정선으로 갈라지는 민둥산역 간판도
왠지 모를 낯선 풍경이다
본래 이름이었던 증산역이 그리워진다
카지노가 들어선 사북역 대합실엔
갈 곳도 잃을 것도 없는 표정의
여자 두엇이 마른 강냉이를 씹으며
오후의 무료함을 달래는 중이다
한때 가장 긴 터널로
가장 높은 역으로 이름을 알렸던
정암터널과 추전역도 온기를 잃은 지 오래
서울에서 한 시절 잘 보내다 굴러온
은하다방 미스 정 말이 백번 옳았다
삼분 이상 정차하지 않는 기차를 믿어선 안 된다
남을 사람은 남고 떠날 사람은 떠나야 한다

해파랑 33길
―정라항[*]

어촌에서 나고 자란 아이는
수난자의 몸짓을 바다에서 배웠다

정어리 삭는 냄새에 잠을 깨면
밤사이 바다는
검푸른 빛으로 멍들어 있었다

해무를 머금은 먼바다는
결박을 풀어낼 최후의 구원

앞선 이가 스러지면
워워
워워워
더 큰 함성으로 울부짖는

물러설 자리마저 보이지 않는 날은
해당화가 운명을 갈랐다

바다가 울면

워워 워워워

해당화도 따라 울고

바다가 일떠서면 함께 춤을 추었다

* 1938년 일제는 동해안에서 대규모로 생산되는 정어리 어유와 수소를 결합해 침략 전쟁에 필요한 화약제조 공장 건설을 꾀했다.

나전역에서

메밀꽃 피었던 자리에
새하얀 눈이 내립니다

여름은 봄을 기다려야 하듯
겨울은 또 가을을 기다려야 하듯

회색빛 하늘을 노래한 건
머잖아 곧
눈이 올 거라는 기대 때문이었습니다

목덜미 환한 목련의 밤을 보내고도
비에 젖은 날들이 더 많았던

누군가를 사랑해야 하는 일이
기다림이라면 걱정 말아요

캄캄한 밤에도

불을 켜고 잠드는 담장 높은 집에서
기다릴 만큼 기다려봤어요

르포의 시간

중앙역에 내리면
습관처럼
눈을 감는 버릇이 있다

2003년 2월 18일
사망자 192명
신원 미확인 6명
부상 148명….

어쩌면 나는 너무 오랜 시간을
왼방향만 고집하며 살아왔는지 모른다

아주 무서운 글을 쓴 후로
사전에서
아름답다는 말을 잊어버렸거나
못 찾고 있는지도 모른다

우정보육원

하늘이, 민우, 수산나, 보은이….

예쁜 이름이 유난히 많았던

그러나 사는 곳을 물으면

입술을 깨문 채 고개를 수그리던

오래 전 그날처럼 소년 하나

눈 내리는 밤길을 외로이 걸어갑니다

열일곱 살

그해 오월,
봄도 겨울처럼 슬프다는 걸 처음 알았다
긴 밤을 달려 도착한 서울은
노리는 눈들이 많았다
그러나 열일곱 살은 매우 위험한 나이
저 녀석 참 착하게 생겼다며
머리를 쓰다듬는 수작을 부리면
들소처럼 덤벼드는 나이
007가방을 생산하는 공장에서
밑통 석 달을 다 채운 날이었다
손놀림이 재바르지 못하다며 월급 대신
용돈 부스러기를 던져주었다
마침 그날,
재바른 손에 은팔찌를 찬 무리들이
큰집으로 긴 여행을 떠나는
티브이 속 장면은 영화처럼 아름다웠다
한국에서 한쪽 다리를 잃은 사카나 찌엔 땅처럼

사장님 안녕히 잘 다녀오시라며 힘차게
힘차게 손을 흔들어 주었다

평행선

생면부지 죽음에 애도를 표함은
눈물이 살아있다는 것

그러나 소리 내어 울지 못함은
슬픔을 안고 살아갈 용기가 없다는 것

하나의 마음을 간절히 바람은
둥지에 두 마음을 틀고 살았다는 것

묵언의 기도가 길어짐은
내딛는 걸음이 그만큼 두려워졌다는 것

책을 읽다 말고 깊은 한숨을 내쉼은
지난 다짐이 강으로 흐르지 못하고 있다는 것

세 개의 깃발이 한 방향으로 나부낌은
우리의 외침이 콘크리트처럼 굳어가고 있다는 것

안의가 안음이었듯이

 시외버스터미널 옆 자매식당은 시절 지나는 소리로 분주하다 향교에서 기증한 달력은 어기적 어기적 소걸음이고 명신국제관광에서 얻어온 달력은 누런 보리밭으로 일렁인다 그런데 무슨 일로 '을'자가 박힌 위생등록증 위 온도계는 40에서 멈춰선 걸까? 안음安陰이 안의安義로 바뀐 사연은 진양갑부 허씨 문중이 윤 아무개를 데릴사위로 들였다는 허삼둘 여사의 고택에서 보았다 윤 아무개는 온데간데없고 자매식당 면발 사이로 유월 밤꽃 내음만 흥건했다 큰 탄굴에서 한 달 벌어 쫄딱구덩이에 쏟아 붓는 사북舍北도 실은 사음舍陰이었다

뿌리의 믿음

11월은

텅 빈 방 벽에 기대어

당신의 숨소리를 듣는 시간

이른 아침과

때늦은 저녁이 없었다면

아이야,

누가 너를 이만큼 키워냈으랴

가을에서 겨울로 떠나는

외로운 철길처럼

11월은

저마다의 비밀을 간직한 채

알몸으로 돌아가는 시간

나는 침목枕木의 시간을 믿는다

그대 이름은 장미

　대구행 직행버스가 시가지로 들어설 즈음 뜨르륵 뜨르륵 전화벨이 울었다 버스 안 카오디오에서는 한 번만 더 한 번만 더 나를 안아달라는 카바레 곡이 흐르고 있었다
　니 지금 거기 어디고?
　어디긴 어디야 뻐스 안이지
　바른대로 말 몬하나 니 또 춤추러 갔제?
　아니다 뻐스 안 맞다
　옆자리 그녀는 성난 남편과 통화 중이고 건너편 좌석 여자가 나를 탱자눈으로 쳐다본다

5부

만추

추수를 마친 들녘에 돋아나는 은빛 별들

수도사의 몸에서 피어나는 달의 축제

치자꽃 하얀 침상에 등불이 켜지면

우리의 심장은 책갈피 속에서 푸르러지고

가을은 아이가 어른이 되어 가는 시간

가장 아름다운 언어를 하늘로부터 배우는 시간

불 꺼진 창

개표가 끝나갈 무렵
반도는
다시 적색과 청색으로 뒤덮였다

단 한 발자국도 나아가지 못한
동과 서는
맹수의 이빨자국처럼 선명했다

경주 남산도
선운사 동백도

장생포 김씨의 탄식도
삼학도 뱃노래도 아득한
망향의 노래로 멀어져가는

반도에서는 누구라도
그릴 수 있는 흔한 그림이다

분재원 앞을 지나다

말 못하는 사지를
뒤틀어,
목을 조여 오는

한 그루 나무에 쇠붙이는
소리 없는 고문

지하로 끌려가 본 사람은 안다

지난 시절은
여명을 맞이할 찬란한 여백

지상의 모든 강은
유유히 흘러야 한다

가로수를 옭아맨
오색전구도
이제 그만 거두어야 하리

엄마 없는 날
―송정 시절

아빠는 왜 촛불을 켜?
촛불은 살아 있잖니
하늘하늘 춤을 추니까?
춤만 추는 게 아냐
춤을 추면서 울기도 해
어떤 날은 하얗게 밤을 새우기도 하지
바닷가 마을에서 자취를 할 때였어
촛불을 켜고 누우면 마음이 참 편안해졌어
촛불은 슬픈 노래를 안아주는 따듯한 친구였거든
그때도 세 개씩 켰어?
응
하나는 마음을 잃지 않기 위해
또 하나는 떠나간 친구를 위해
그리고 마지막 하나는 음, 비밀이야
피이!

달성공원 명의

웃기시고들 있네
칠천 원 받던 것
오천 원 받고 했다면 어쩔 테야
대통령이 알겠어
시장이 알겠어
그리고 나 아니었으면 무슨 수로
다 꺼져가는 불꽃 환하게
일으켜 세웠을 거난 말이야
나야말로 칼끝 하나 대지 않고
가여운 환자들 살려낸
명의 중에 명의 아닐까?
불법 같은 소리하고 있네
동물원 철창에 갇힌 하마처럼
흐물흐물 늘어진 불꽃 세워 안아주면
뭐라는 줄 알아
이젠 죽어도 여한이 없대
단돈 오천 원으로 구원 받았으니
임자가 내 천국이래

조금 오래된 어떤 부자父子

서울로 간 아들은 십 년 할부 자가용 타고 출근하고
아버지는 군내버스 타고 병원에 약 타러 간다

퇴근길 아들은 헬스장에서 삐질삐질 생땀을 흘리고
논에 나간 아버지는 허리가 부서지도록 피를 뽑는다

과다 섭취로 중병에 걸린 아들은 토실토실 한국인이고
피 뽑다 과로로 쓰러진 아비는 피골상접 탈북자다

사막에서 장보기

　레몬향 주방세제와 깨끗한 나라 삼십 롤을 카트에 담는다 구조조정 이후 삼층은 가운 입은 직원을 찾아볼 수 없다
　에스컬레이터를 타고 이층으로 내려와 속옷을 고른다 요양원에 보낼 내의는 색상과 사이즈별로 상자에 담겨 차곡차곡 쌓여 있다 수면양말도 툭 던져 넣는다 원 플러스 원이나 묶음세트는 싼 맛에 후회하고 쓰면서 반성한다
　아무렴 장보기는 일층이 제맛이다 삼층은 씻고 닦고 이층은 입고 벗고 일층은 보기만 해도 배가 부르다 일곱 가지 효능이 담긴 요플레와 깔끔하게 손질된 냉동 가자미 묶음을 담는다 가판에 진열된 행운의 찐빵도 슬쩍 집어 넣는다
　장보기를 마친 부부는 각자 위치로 돌아간다 남편은 카트에 담긴 물건을 꺼내 계산대 위에 올리고 밖으로 나간 아내는 삐 삐삐 바코드스캐너가 찍힌 물건을 장바구니에 담는다 잘 훈련된 사막의 전사처럼 아내는 핸드폰 지갑에서 신용카드를 꺼내 내민다 적립할 포인트 번호를 누르자 따르륵 따르륵 팔뚝 길이의 영수증이 아가리로 기어 나온다

풀꽃들 어지러이 피어날 때

오늘 밤 나의 춤은
소나기
삼켜지지 않을 울음

기뻐 추고
슬퍼서 추는

오, 가여운 장미여

맨발로 오시라
성난 파도처럼 오시라

우리의 춤은
거친 사막을 건너는
여명의 그림자

오, 가시를 잃은 장미여

부디 들꽃처럼 오시라
거센 눈보라로 오시라

어느 어촌 앞을 지나다

무너져 내린 돌담 마당
빨랫줄에 매달린 비린 물고기들

내장을 들어낸 검푸른 바다와
말갛게 핏기를 가셔낸

흰 길

늦가을 햇살에 꾸덕꾸덕
뼈도 함께 익어간다

아버지의 바지를 뒤집어
널었다 혼이 난 누나처럼

바다로 나갈 수 없는 여식은
나이 많은 여자들에게 더욱 가혹했다

잔가시 많은 생선을 굽는 날이면

지켜보는 눈들이 많았다

결혼

아이가 태어난 사북에 다녀왔다
강릉행 열차가 지나는 오후 두 시면
알람처럼 울어대던 집이다
첫 편지를 받은 건 아이가 네 살 되던 해였다
다섯 줄의 편지는
지우개로 지운 흔적이 아련했다
편지 쓰는 아이를 지켜보는
엄마의 모습이 고스란히 내비쳤다
여섯 번의 겨울을 보내고
이사한 집으로 돌아온 나는 아이 곁에
눕는 것부터 배워야 했다
어느덧 학교에 들어간 아이도 편지에 썼던
이름을 소리 내어 부르기까지
오랜 시간이 걸렸다
긴 이별은 앙상한 가지를 메울
시간이 필요했던 것이다
아이가 손을 내어 줄 때까지
두어 걸음 뒤쳐져 걷는 일이 반복되었다

새로운 봄이 시작되는 오늘은
아이와 나란히 하얀 손을 맞잡고
경쾌한 행진곡에 맞춰 걷는 날이다
이십 미터나 될까,
그 길을 조심조심 손잡고 걸으면서
들려주고 싶은 말이 있었다

미안쿠나, 아이야.
고맙구나, 아이야.

별
―로이에게

무수하다는 말은 참 따듯하지요

광야를 지나는 순례자들처럼

저 별들 속에

너도 있고 나도 있지요

<u>뜨르르 뜨르르</u>

풀벌레 우는 밤에는

서로 등을 기댄 동무가 되고

하얀 눈 내리는 밤에는

오순도순 가족이 되지요

〈발문〉

함백역 애기메꽃의 무게를 아시나요

김수우(시인)

문학을 정면으로 바라보기, 그 뮤즈의 저울

 이 시집 속에선 만주를 달리는 야간열차의 덜컹거림이 들린다. 북방을 휘젓는 삭풍과 연변사투리도 들린다. 현해탄과 압록강이 보이고 낯선 국경들이 보인다. 눈 내린 광야가 열리고 광활한 옥수수밭도 펼쳐진다. 탄광촌의 수직갱이 보이고 고독한 위령비들이 보인다. 마치 어떤 당부처럼 봄이 겹겹 서 있다. 어떤 물음처럼 작은 역들이 첩첩하다. 그리고 그 모든 틈을 메우며 살아가는 중인 넋들과 조선족 동포들이 걷고 있다.

존재의 무게를 안다는 것은 어떤 것일까. 그건 고통의 무게를 감지한다는 말이 아닐까. 시인 박영희는 사소한 것들의 무게를 열심히 잰다. 희미한 빛과 그늘, 자작나무 숲, 낯선 언어와 소리가 없는 것들의 가장자리, 폐역 뒤뜰의 애기메꽃까지. 가까이서 오래 응시한다. 그 모든 것이 자신의 역사와 무관하지 않음을 알기 때문이다. 그 모든 것에 탯줄로 닿아 있는 자신의 영혼이 비치는 까닭이다. 꿈의 무게, 어둠의 무게, 망각의 무게, 소외된 눈망울의 무게, 발자국들의 무게. 모든 무게는 하나하나 시의 알갱이로 되어 있다. 그 알갱이마다 피멍든 슬픔과 비탈진 꿈이 지층을 이루고 있다.

이 시집 속에서 모든 존재는 끊임없이 시인과 함께 걷고 있다. 그 걸음에는 문학을 정면에서 바라보는 자의 단호함이 묻어난다. 정면을 응시한다는 것은 비켜서지 않는다는 말이고, 인간의 오랜 습성으로 합리화시키지 않는다는 말이다. 정면으로 바라본다는 건 모든 실험성을 뛰어넘고 모든 추상을 가로지르며, 무게의 통증을 정직하게 견딘다는 말이다. 그래서 그의 언어는 계산이 없고 투명하다. 그래서 절실하고 아프다. 그 단단함과 단순함은 어떤 겸허, 밑바닥에서 나오는 것이었다. 시인에게는 따로 비법이 없어 보였다. 삶을 정면으로 바라보고 뱃속의 울림을 따라 걷는 수밖에는. 그런 그에게 무게는 아득한 유랑을 선물했다.

굽이가 많은 시인의 꼬불꼬불한 옛 터널을 일별해보는 것도 유의미할 것 같다. 먼 데를 꿈꾸는 건 타고난 것이었을까.

유년시절 열차 승무원이 꿈이었던 그는 집안 형편이 어려워 상경했고, 공장과 신문보급소를 전전하며 중고등 과정을 검정고시로 마쳤다. 신문이 교과서였다. 육사에 뜻을 둔 적도 있었지만, 광주 5·18이 터지면서 제복에 대한 환상도 깨어졌다. 부산에선 영도 배지키는 일, 물탱크 청소 등 닥치는 대로 막노동을 하며 보수동 책방골목에서 흘러나온 헌책으로 공부했다. 부산의 대학들에서 문학, 철학, 사회학, 가정학까지 도강하며 사유를 익혔다. 하여 시인의 이십대는 이미 근원적 질문으로 출렁거렸을 것이다. 업보 속에 얼마나 많은 공부가 작동하고 있었던 걸까. 고단한 생의 모서리에서 그는 시와 마주쳤다.

26살에 현해탄을, 40대에 압록강을 건넜던 그에게 시란 무엇이었을까. 어쩌면 시란 숨결의 무게, 생존의 무게를 아는 일이 아니었을까. 시는 그에게 뮤즈의 저울이었을 것이다. 그건 생명을 지극하게 받아쓰는 영혼의 기술이기도 하다. 12편의 시로 무크지 ≪민의≫를 통해 등단했던 24살, 배를 탈 것인가 광산으로 갈 것인가를 고민하다 사북 탄광으로 가서 광부생활을 했다. 이쯤에서도 그의 유랑은 만만치 않다. 때문에 그는 어떤 무게를 책임진 자처럼 여겨진다. 문득 지구를 받치고 있는 아틀라스가 스친다. 무게를 느끼는 벌을 받는다는 건 무엇을 의미할까. 그 무게가 무겁다기보다는 서러운 느낌이 드는 건 왜일까. 지나간 매듭들을 구구절절 풀어본 까닭은 그의 생존 현장이 그가 추구하는 문학과 닮아있기 때문이다. 유한한 그가 무한을 이해하는 방식은 길이었다. 삶의 무게들은 길 위에서 어떻게 시로 승화되는가. 다음 시편들엔 슬픔의 본질이 광막하게 열리는 길들이 나타난다.

> 산 자는
> 죽은 자의 유언을 품어야 하는//
> 숙명의 거울//
> 감추려 해도
> 감출 수 없는//
> 피의 언어들
>
> ─「블라디보스토크역」 부분

> 이 길은 이방의 길//
> 生과 死
> 일면의 갈림길에서 피가 뜨거워지는
> 결속의 길//
> 우리가 가장 아프게 울었던 들에서 봄은 다시 피어난다
>
> ─「북방」 전문

> 누군가는 이 길을//
> 안개가 지웠다 하고
> 바람이 지웠다 하고//
> 저잣거리에 떠도는
> 풍문들을 뒤로하고 경계에 이르면//
> 목 놓아 울어도 좋을
> 무한의 벌판//
> 가던 길 잠시 멈추고
> 흙 한 줌 쥐어본다//
> 이방의 멸시를 이겨낸 차가운 흙이다

—「발해 가는 길」 전문

위 시들을 읽다 보면 마음은 어느새 바람이 매운 북방 어느 변두리에 선다. 블라디보스톡 역에서 발해 가는 길에서 시인은 눈물 얼룩진 이방의 길, "우리가 가장 아프게 울었던" 들판을 마주한다. 광활한 무한과 함께 어떤 '터'의 숙명이 드러난다. 산 자가 "죽은 자의 유언을 품"는다는 건 무엇을 의미할까. 산 자에게 주어진 책무를 시인은 뼈아프게 자각한다. 그건 감출 수도, 덮을 수도 없는 통증이었다. 숙명이라는 무거운 어휘가 깨우는 건 모든 이방에서 마주친 '생과 사'였다. 갈림길마다 피가 뜨거워지는 현장이고 역사였다. 그렇게 시인은 발원지에서 솟는 피의 언어들을 깨달은 것이다. 안개가 지운 길도, 바람이 지운 길도 시인의 손바닥 안에서 더 선명해진다. "매운 양파를 까면서 알았다/ 기도는 대대손손 버려진 자들의 몫(「마트료시카와 양파」)"에 나타나듯 버려진 자들을 기도할 줄 안다. 기도란 잊혀서는 안 되는 것들이 얼마나 많은지를 알았을 때 치밀 수밖에 없는 언어이다. 그에게 시는 기도가 아니었을까.

가난한 자가 복이 있다는 예수의 가르침은 그에게 대어보면 분명해진다. 가난했기 때문에, 소외되었기 때문에, 통증을 품었기 때문에 그는 삶을 더 깊이 사랑할 수 있지 않았을까. 하늘을 볼 수 있었던 것이다. 고독과 고통을 이해할 때 누군가를 듣는 경청의 힘이 생긴다. 그것이 그가 르포에 관심을 가질 수 있었던 이유일 것이다. 보수동 책방골목에서 지나간 월간지를 자주 뒤지곤 했는데, ≪신동아≫에 나온 논픽션 〈난지도 사람들〉을 만났을 때 그의 심장은 덜컹거리기 시작했다. 아파트 공사판에서 꼬박 3개월 뙤약볕과 싸운 돈으로 시모노세키행 여객선을 탔다. 카프 핵심이었던 임화 시인이 걸었던 길을, 강제징용 당한 광부들의 발길을 따라가 보고 싶어서였다.

그러다 일본의 르포작가 하야시 에이다이 선생을 만나면서 르포문학의 길에 제대로 들어섰다. "작가라면 이 뿌리들의 아우성과 신음 소리를 들을 줄 알아야 하는데, 그러기 위해서는 꽃을 외면하는 것은 물론, 그 꽃을 꺾어서 버릴 줄 아는 용기가 필요하다."는 말이 가슴에 내리꽂혔다. 아름다운 꽃과 달콤한 열매 뒤에 있는 고통과 눈물로 어둠을 더듬어낸 뿌리의 긴 시간이 그를 사로잡았다. 문장이 태어나는 곳을 알아차렸다고나 할까.

> 이제부터 네가 해야 할 공부는
> 저들의 빼앗긴 이름을 되돌려주고
> 저들의 탄식을 세상에 알리는 일//
> 다니던 학교를 뛰쳐나와
> 조선인 강제연행에 매달린 그는
> 제국에 버림받은 이단의 기록자였다//
> 작가가 되려거든 먼저
> 뿌리들의 아우성에 귀 기울이라 하였던가
> 지난 역사의 아픈 교훈을 학습하지 않는 민족은
> 자멸의 길을 걸을 수밖에 없다고 하였던가

―「사숙」 부분

 위 시는 후쿠오카에서 만난 하야시가 어떤 스승인지를 보여준다. 우리 일상은 꽃과 열매로 되어 있을까. 뿌리로 되어 있을까. 우리 문학은 뿌리는 잊고 꽃과 열매에만 매달려 있는 거 아닐까. 우리는 뿌리의 아우성을 얼마나 듣고 있는가. 꽃과 열매가 사라진 후에도 다시 꽃과 열매를 창조하려는 뿌리의 투쟁, 그 하루하루를 시인은 두려운 마음으로 붙들고자 했다. 저들의 "빼앗긴 이름"을 불러주고, "은폐된 존재"를 되돌려주는 일이 진짜 공부이다. 누군가를 존재하게 해줄 때 자신도 존재할 수 있음이다. 그 깨달음으로 스물여섯 살 박영희는 문학의 얼굴을 정면으로 바라보기 시작하지 않았을까.

 먼 안부로 시인의 부지런한 글쓰기와 그가 우리나라 르포문학의 최전선에 있음도 알고 있긴 했다. 기억은 역사가 되지 못하지만 기록은 역사를 만든다. 그래서 기억을 기록한다는 것은 어떤 창조보다도 생명적 힘을 발휘할 수밖에 없다. 그는 개인에게 휘몰아친 역사의 무늬를, 역사를 쌓는 개인의 지층을 응시하고 연결한다. 르포문학에 그리고 뿌리의 세계에 소명을 가지고 매달려 온 그는 얼마나 많이 걸었던 걸까. 그 발길이 만난 사람들, 산맥 같은 또는 돌멩이 같은 사람들, 아름드리 또는 풀꽃 같은 사람들 때문일까. 그는 낮아지고 낮아진 구릉처럼 보인다. 모든 문학이 사실은 받아쓰기이지만 르포는 듣는 귀가 더 중요하다. 그렇게 경청하는 삼십 대를 보내면서 가슴

속 잔뿌리들은 역사와 민족이라는 점점 굵고 강렬한 기둥으로 자랐던 것이리라.

아리랑, 뿌리의 아리랑을 받아쓰다

필자는 시안에서도 한참 먼 옌안 모퉁이 모택동 유적지를 돌다가 울컥 한 적이 있다. 거기서 항일투쟁을 하던 조선독립동맹과 조선의용군들의 자취를 만난 것이다. 그 먼 데에서 독립을 꿈꾸던 조선 청년들의 슬픈 눈이 떠올라 내가 서 있는 자리를 다시 생각할 수밖에 없었다. 그 통증과 전율. 때문인지 박영희 시인이 뿌리를 따라 역사의 갱도를 파들어 가며 감지하는 전율과 통증이 고스란히 다가온다. 항일에 관심을 두고 그가 길에 서는 절실함을 이해할 수밖에 없다. 동시에 시인의 사유를 관통하고 있는 어떤 운명적인 파동을 보게 된다. 어둠을 뚫으려는 간절한 빛 같은.

시인은 2004년 처음 압록강을 건넜다. 위안부였던 조윤옥 할머니의 평전을 쓰기 위해 훈춘에 간 것이다. 하얼빈과 목단강 등을 돌면서 어떤 기이한 치유를 느꼈다. 그때부터 시인은 만주를 사랑했다. 어쩌면 그건 만주땅이 서러움과 친밀함으로 술렁이는 까닭이 아니었을까. 그의 시편들에서는 어떤 서러움의 파장이 계속 감지된다. 고독하고 억울한 영혼들과 자꾸 마주치면서 착한 서러움이 점점 강한 서러움으로 자랐다고 할까. 항일 독립투쟁으로 여울져 있는 만주를 오간 게 삼십여 차례이다. 만주가 어떤 땅인가. 단군조선과 부여라는 한민족의 원형이 담긴 고토이며, 동북아 최강호였던 고구려와 발해 역사가 고스란한 정신의 고향이 아닌가.

그가 발간한 다섯 권의 시집, 그리고 소외된 이들에게 다가간 국내 르포집도 많다. 조선족 동포들 얘기를 담은 『해외에 계신 동포 여러분』, 『두만강 중학교』, 『만주의 아이들』, 『하얼빈 할빈 하르빈』, 『만주를 가다』 등도 차례로 낸 바 있다. 모두 삼십 여 권 되는 책의 제목만 따라가 보아도 그가 무엇을 응시하고 있는지 알아챌 수 있다. 빈한하고 고단한 조선족의 삶에 부딪칠 때마다 영혼에 일던 그 파문들. 특히 항일 역사기행 『만주 6000㎞』에서 시인은 해방 전 만주국 지도와 중국 지도를 나란히 걸어놓고 만주의 길목을 하나하나 짚어냈다. 그 탐구와 열정으로 닿은 곳은 독립 전사들의 광대한 파도 위였다.

어쩌면 그가 품은 만주의 항일의식은 초등학교 4학년 때 8·15 광복절 특집극에서 보았던 박노식 배우의 봉천 개장수 의식이 심어진 때문인지 모른다. '봉천 개장수'는 과거 만주 봉천에서 개를 사고팔던 사람들을 지칭하지만, 낯선 만주에서 온갖 잡일로 생계를 이어가던 조선 민중의 끈질긴 생명력을 담은 말이다. 동시에 봉천 개장수는 독립군들 뒷돈을 대어주는 자들을 의미했다. 유년 시절 심장에 박힌 이 시선이 지금도 그를 이끌고 있다.

가슴에 누구를 품고 사느냐가 중요하다고 시인은 믿는다.

자신의 굴곡 속에서 그가 품은 사람은 독립운동가들이었다. 신흥무관학교를 세운 이회영, 하얼빈의 안중근, 헤이그 밀사였던 이상설, 만주의 호랑이로 불리던 김동삼, 의열단 단장 김원봉, 김학철, 홍범도, 안창호, 김좌진, 이육사, 한용운 등 그의 정신을 붙들어주는 것은 독립운동가들이었다. 죽어서 살아있는 사람들, 늘 뜨거운 화두를 던지는 그 영혼들이 시인에게는 길이었고 뿌리였다. 산 자가 죽은 자들과 어떻게 소통할 것인가. 죽은 자들과의 살아있는 대화, 그 대화 형식이 그의 공부였다. 그에게 공부는 가슴에 품은 사람들을 이해하는 것이었고, 산 자가 죽은 자를 만나서 궁금한 것이 많아질 때 듣는 진솔한 대답이었다. 또 공부란 잘못 알고 있는 것을 바로 잡는 것이었다. 그래서 공부가 즐거웠다. 죽은 자들은 과거가 아니라 미래였던 것이다.

> 나는 지금 천진으로 간다
> 답은 하지 마라
> 오늘은 여명과 함께 상해를 떠나는 중이다
> 도착하면 연락하겠다
> 어제 서주를 떠나 무전여행 중이다
> 반년은 걸릴 듯 싶다….
> 완벽한 중국어 구사와 변장술에 능한
> 우당友堂을 찾아가는 길,
> 그의 망명 주소지를 다 찾아내려면
> 족히 반세기는 걸릴 거라던
> 만해萬海의 예언은 틀리지 않았다

웨딩드레스를 입은 아내와 함께
오르간 반주에 맞춰 동시 입장하고
첫날밤 아내와 애국가를 합창한 그는
누구보다 조국을 사랑한 자유인이었다/ …(중략)…
무관학교 설립이 꿈이었던 우당에게
류하현 삼원포는 희망의 나라였다
—「거처」 부분

  신흥무관학교를 세운 이회영을 그리고 있는 시편이다. 류하현 삼원포는 신민회 중심의 민족운동가들이 독립군 기지를 건설할 첫 꿈을 가졌던 곳이다. 우당의 망명 주소지는 얼마나 많았던 걸까. 국권을 상실한 조국을 향한 우당의 고독과 자유와 사랑과 희망, 순간순간의 간절함이 이 한편에 고스란하다. 무장항일투쟁의 초석이 된 신흥무관학교에서 공부한 이들은 다수가 독립군 일원이 되어 청산리 전투 등 각지에서 활약했다. 의열단 단장 김원봉도 무관학교 출신이다. 거기서 얼마나 많은 독립운동가들이 거대한 물결을 이루었던가. 우당의 꿈은 오늘 우리에게 어떻게 닿고 있는가. 이 시집이 광복 80주년을 맞는 8월에 태어날 예정인 것도 우연이 아니리라.

  시인은 북방 기질이 살아있는 만주에서 조선의 자존심을 읽고자 했다. 만주 땅 그 어드메서 피고 진 꽃들, 피고 진 햇살들, 피고 진 영혼들을 그는 하나하나 찾아다니자 했다. 그 숨은 깊이를 일깨우고자 했던 시인에게 순례는 곧 직무이며 소명일 수밖에 없지 않았을까. 시인은 그 투쟁적인 영혼들,

서러운 영혼들과 동시대를 살고자 했고, 동행하고자 했다.

> 쑤이펀허에서 포그라니치니는
> 봄이 오는 거리距離//
> 혹한을 이겨낸 비무장지대로 들어서면
> 북방에서 보았던 진달래꽃
> 극동에도 피어 있다//
> 오늘은 포그라니치니에서 노닐다
> 해가 저물면
> 망명 작가나 만나러 가볼까//
> 또 아는가,//
> 농업학교에 재직한 포석抱石이라면
> 두 팔 벌려 맞아줄지//
> 두 량의 기차가 한가로이 오가는 국경은
> 조난당한 모국어가 파편으로 나뒹구는
> 망명자들의 첫 발자국//
> 솔제니친의 시베리아 벌판도 멀지 않다
>
> ─「쑤이펀허」 전문

중국 헤이룽장성에 있는 도시 쑤이펀허에서 기차를 타면 러시아 국경 마을 포그라니치니까지 26킬로이다. 박영희 시인은 이렇게 국경을 넘나들며 지냈다. 혼자 만주를 떠돌면서 그의 영혼은 더 아득하면서도 더 절실한 '우리'의 생명성에 젖지 않았을까. 이 시편의 정서엔 형언하기 어려운, 두레박이 닿지 않는 깊은 우물이 느껴진다. 극동에 피어있는 진달래꽃은 망명자들의 발자국만큼이나 우리를 울컥하게 한다. 두 량의 기차가 한가로운 국경에서 그는 망명자들을 기억한다. 충청도에서 태어난 조선의 작가였지만 소련에 망명할 수밖에 없었던, 그리고 숙청당하고 만 포석 조명희의 뜨거운 삶이 사무친다. 누군가를, 어딘가를 돌아본다는 것, 울퉁불퉁한 역사를 추적한다는 것은 세심한, 쓸쓸하면서도 뜨거운 애정이 필요하다. 하여 만주의 속살 같은 이야기들이 리좀처럼 시집 곳곳에 맺혀 있다.

뿌리를 따라다니는 동안 시인은 뿌리를 내릴 수 없었던 사람들을 발견한다. 만주의 역사를 흐르다보면 무수한 디아스포라들이 알몸으로 서 있다. 모퉁이마다 조선인들의 꿈이 맺혀 있다. 조난당한 모국어와 함께 말이다. 차가울수록 서러울수록 그 맨발과 맨손들이 붙들어낸 시간과 공간은 바위산처럼 강인하다. 눈물겨운 디아스포라들이 어떤 땐 잔잔히 흐르고 어떤 땐 격랑처럼 솟구친다. 나그네 의식과 연변 사투리 앞에서 시인 자신도 그들 일부임을 깨닫는다. 그는 조선말, 그 말씨와 말투에 귀를 기울인다. 그 말씨 속에서 차별받고 소외된 삶의 현장, 살아있음을 살아있음으로 증명하는 민중을 확인하는 것이다.

> 육이오 전쟁이 났을 때
> 중공군 복장을 하고 싸운 할아바이는
> 한국 사람이 돼설랑 성남에 살고요//
> 어마이는 산동성 청도에
> 아바이는 연변아주마이와 눈이 맞아서리 서울에 살고요

저만 연길에 남아 학교에 다니고 있슴다// …(중략)…
저도 인차 내후년이므 초중을 필업하는데
해마다 찾아오는 명절이 제일 싫습꼬마
추석엔 뉴물만 나고
비행깃값 비싸다며 설날엔 집이 되쎄 춥단 말임다
　　　　　　　　─「기중이가 부르는 눈물 젖는 두만강」 부분

재외동포가 '제외 동포'로 읽히는 주말 저녁
공사장 함바에서 술자리가 벌어졌다//
연해주에서 온 그의 이름은 라지크
고려인과 모이면 김한설
한국에 오는 걸 망설였다는 그가 술잔을 비운다// …(중략)…
과정이 생략된 어색한 만남
초저녁부터 내리기 시작한 가을비는
아리랑 아리랑 아리랑
자정이 지나도록 그칠 줄을 몰랐다
　　　　　　　　　　　　　─「북한 교과서」 부분

　위 시편에 담긴 기중이와 김한설 씨. 그들에게서 돌 틈에 뿌리 내리고 있는 식물의 힘이 감지된다. 만주에서 조선화는 들국화라는데, 투박한 땅에서 흔들리고 있는 강인하면서도 순정적인 슬픔의 빛깔이 그대로 감지된다. 김한설이라는 소외를 견디고 살아남은, 아직도 설움에서 부대끼는 절망의 목소리를 듣는다. 내 뿌리를 머나먼 땅에서 만났을 때의 슬픔과 애정이 구절구절 묻어난다. 고통으로 응축된 그 밑에서 시인은 시모노세키에 위치한 똥굴마을, 폐역이 된 함백역에 피어있던 애기메꽃을 다시 보았다. 창백하게 살아남아, 살아있음에 충실한 슬픔들 말이다. 기중이의 목소리에서 들리듯 조선족 아이들은 버려진 채 외롭게 살아가는 중이다. 부모들이 한국으로 돈 벌러 떠나면서 생겨난 현상이다. 독립의 기틀이었던, 항일운동의 근거지나 다름없던 조선족 학교들이 빠른 속도로 소멸하는가 하면 학생들도 사라지는 중이다. 항일투쟁 자손들이 머물고 있는 만주는 한국 근현대사의 한복판이 아닌가. 그들이 만주의 평원이고, 물결 시퍼런 바다이고, 외로운 철길이고 거센 눈보라인 것을. 그들의 절망을 읽어내는 일은 역사의 연속성, 존재의 뿌리를 따지는 힘일 수밖에 없다.

하여 이 시집은 역사의 갱도에서 생명을 캐어내는 시인의 아리랑이다. 그 아리랑의 현실은 뜨거운 과거와 미래 그 자체이다. 그는 배 위에서, 기차 칸에서, 길 위에서 시간을 뛰어넘는 생명의 무늬, 그 살아낸 자리를 읽고 듣고 받아쓰고 있다. 인간이 아름답기 위해서 필요한 것들은 무엇일까. 그는 만주에서 그것을 보았던 걸까. 아련한 꽃물들처럼 삶에 번져있는 용기들, 슬픔의 무늬가 촉촉한 인내들 말이다. 그 슬픔이 기실 생명의 본성이 아닐까. 그 아리랑을 따라 시인은 탈북인들을 수없이 만나고 독립운동가 후손들을 만났다. 만주에 흩어진 조선족을 통해 세계 속의 이방인, 식민지 속의 이방인, 분단 속의 이방인을 만났다. 그리고 그들을 사랑했다. 그 쓸쓸한 받아쓰기의 최선은 시였으리라.

길에는 마침표가 없으니

이 시집에서 길은 하나같이 제의처럼 다가온다. 허공이 어떤 연민의 힘으로 되어 있는지 알기 때문이다. 길 위에 선다는 것은 허공의 무게를 이해하는 일이기도 하다. 모든 길은 허공이다. 거기서 시인은 뿌리의 비상을 본다. 동시에 얼마나 깊은 밑바닥, 아니 얼마나 높은 벼랑을 감지했을까. 탄광은 박영희 시인의 길을 이해하는 데에 지나칠 수 없는 부분이다. 사북 탄광촌에서 일한 적이 있어서일까. 그에게 탄광의 역사와 광부의 삶은 존재를 읽는 어떤 지표가 되었다. 특히 일제 강점기의 탄광촌에 관심이 많았다. 조선인 광부들의 삶을 추적하기 위해 십여 차례 일본의 탄전지대를 돌아보았다. 역사의 틈을 헤집고 들어가, 서러운 근대를 캐어내면 절망 속의 절망은 다시 선명해진다.

> 십만이 끌려와 이천이 사라진,
> 이십만이 끌려와 삼천이 묻힌,
> 그러나 박물관 어디에도 그날의 흔적은 보이지 않았다//
> 앙상히 뼈대만 남은
> 수직갱 철탑을 뒤로 하고 다시
> 오르막길을 오르는데//
> 살려주세요
> 살려주세요
> 우린 죽어서도 떠도는 게 일이었다오
> ―「슬픈 후렴」부분

죽어서도 떠도는 것들, 처음 자리로 돌아가지 못하는 영혼들. 그래서 그는 그 시간의 궤적을 따라 수많은 위령비를 더듬고 다녔던 걸까. 그는 잊힌 존재의 설움을 풀고 다니는 씻김굿 무당인지도 모른다. 억압과 폭력 속에서 민중은 배제되고 사라진다. 시인은 사라진 것들에게 다시 형상을 부여한다. 그의 애도는 끝날 수가 없다. 아직도 죽은 자들의 기도가 역사의 후렴으로 시인을 길 위에 세우고 있으니. 이번 시집 원고를 출판사에 넘긴 다음에도, 시인은 후쿠오카현에 있는 탄광도시 오무타시에 다녀왔다. 미이케탄광의 면직이 석탄을 실어 나른 항구까지 150킬로였다니 그 규모가 엄청나다. 그곳에서도 미야노하라 갱과 지옥의 갱이라 불렸다는 만다 갱, 미키와 갱을 다녀왔고, 묻고 묻고 또 물어 찾아낸 외진 아마기산 자락 조선인 징용 희생자 위령비를 만나고 왔다.

마치 어떤 제의처럼 길 위에 서는 그는 스스로를 끊임없이 망명시키고 싶었던 걸까. 망명자들과 잊힌 자들을 따라가는 시간 속에서 존재는 이방인일 수밖에 없으니. 하지만 끊임없이 길에 선 그를 이탈자로 떨어뜨리지 않는 힘이 있다. 바로 어머니의 안부이다. 그 목소리는 모든 존재를 환기시키는 순화 그 자체가 아닌가.

> 잊 해동성국과
> 눈보라치는 만주 벌판도 내달려보고// …(중략)…
> 압록강변에서 망연히
> 신의주를 바라보는데 어머니가

전화를 걸어오셨다
잊었던 안부도 대신 전해주었다//
밥은 먹고 사냐?
아픈 데는 없고…?//
싸우지 말고 지내라.
—「안부」 부분

그리고 이번 여행은 먼 길이다
압록강을 건너야 한다
사람 조심하거라
끼니 거르지 말거라
어딜 가든 잠자리가 편해야 한다
교독문처럼 이어지는 엄마의 잔소리는
한결같아서 좋다
—「작별 인사」 부분

 그 머나먼 길 끝에는 언제나 어머니의 안부가 있었다. 어머니는 시인에게 푸른 수원지였다. 사랑과 진심을 그는 어머니에게서 배웠다. 됫박 쌀을 팔아 몰래 차비를 손에 쥐어주던 그 눈빛으로 시인은 모든 것을 견뎠다. 어머니는 모든 균형을 선물하는 힘이었고, 모든 틈을 메꾸는 존재였다. 떠도는 자식을 향한 한결같은 안부는 생명 원리 그 자체였다. 이 시집 후반부에 담겨 있는 서울, 부산 송정, 대구 시절과 태백의 경험과 역이 많은 세계들은 모두 어머니라는 심연에서 흐르기 시작한 따뜻한 서정의 물줄기일 것이다. 어쩌면 그가 만주땅에 느꼈던 친밀함은 어머니의 목소리를 닮아서가 아닐까. 민족의 역사가 담긴 대지, 그 다차원적이고 오래된 음성은 어머니가 품은 치유를 연상시키지 않았을까.

하지만 박영희 시인의 시편과 여행을 따라나서는 일은 필자에게 그저 설레는 즐거움이 아니었다. 서럽고 서러운 걷기였고, 자주 울컥하고 자주 멈추었다. 그 궤적은 역에서 많이 나타난다. 길에 선다는 것은 역을 만나는 일이다. 역은 그의 디아스포라 의식을 그대로 보여준다. 중앙역, 나전역, 예미역, 증산역, 사북역, 추전역, 목단강역, 함백역, 다가와이타역, 블라디보스톡역. 그리고 시모노세키나 정라항 등의 항구들. 버스터미널과 직행버스, 기차. 그리고 입국장과 출국장, 국경들과 낯선 지명들. 그 모든 교차점에서 질문은 언제나 아린 통증으로, 대답 또한 아린 통증으로 차오른다. 그럴수록 시인은 역을 선택한다.

> 우리의 다음 역은 어디쯤일까//
> 태초의 구약과 부활의 신약
> 우아한 보르도와
> 버드와이저 사이를 흐르는 블랙재즈//
> 사막에 버려진 집시들은
> 무사히 요단강을 건넜을까
> ―「블랙재즈」 부분

> 가슴 깊이 묻어둔 노래는
> 오늘 밤, 어느 역을 지나는 중일까
> ―「눈물이 말라가는 시간」 부분

역은 시인이 멈출 수 있는, 자신을 기다리는 있던 그 무엇과 마주칠 수 있는 장소이다. 역마살이라는 말에 어울리게 그는 역을 떠돈 셈이다. 시인의 다음역은 어디일까. 또 어느 역을 지나치게 될까. 모든 순간에 자신만의 유랑을 선택해온 그의 삶엔 마침표가 없다. 쉼표와 물음표만 있다. 그 쉼표와 물음표가 마침내 느낌표로 바뀔 때 행복해진다는 시인 박영희. 자신을 길 위에 세우면서 그는 한순간도 삶을 함부로 소비하지 않았다. 그에게 시는 타자를 찾아가는 지도였고, 타자를 존재하게 하는 아름다운 방편이었다. 걸음이 닿는 곳마다 그는 존재의 상처와 동시에 생명의 바탕을 발견한다. 그 맨손과 맨발들 앞에 귀를 기울인다. 힘들고 불안하고 팍팍한 일상, 모진 삶을 안간힘으로 버티는 꿈을 받아 적는다. 하나같이 시인의 영혼을 뜨겁게 만들던 무수한 교차점, 오늘도 그는 그 불완전한 자리에 서 있다.

광활한 만주의 설원과 작은 어촌의 비린내가 어우러진 이 시집에서 우리는 어떤 무게를 알 수 있을까. 박영희 시인이 재는 생명의 무게는 평등하고, 간절하고, 알 수 없는 하늘의 깊이를 닮아 있다. 그래서 아득하다. 그는 아직도 만주땅을 걷는다. 불현무처(不玄無處), 깊지 않은 곳이 없다. 왜일까. 글을 접으려고 하는데, 어떤 포성이 먼데서 귓가에 맴돈다. 시인의 가슴 속에 들려오는 그 머나먼 메아리가 자꾸 서럽고 눈물겹다. 물음 하나가 닿는다. 우리 모두는 이 우주 안에서 어떤 존재일 수 있을까. "지상의 모든 강은/ 유유히 흘러야 한다"(「분재원 앞을 지나며」)는 그의 결의가 담긴 강물, 우린 그 푸른 파동을 공유할 수 있을까.

신생시선·67
어느 가을날의 하얼빈

지은이·박영희
펴낸이·원양희
펴낸곳·도서출판 신생

등록·제2003-000011호
주소·48932 부산광역시 중구 대청로 135번길 5(401호)
  lapori01@hanmail.net http://sinsaeng.com
전화·051-466-2006
팩스·051-441-4445

제1판 제1쇄·2025년 8월 30일

공급처·도서출판 전망

값 10,000원

979-11-94345-03-9

*저자와의 협의에 의해 인지를 생략합니다.
*이 책 내용의 전부 또는 일부를 재사용하려면 반드시 저작권자와 신생
 양측의 동의를 받아야 합니다.